aan Matthias,

een kleine herinnering
aan België
opdat je je Nederlandse
woordenschat niet zou
verliezen

van harte,

Iona

7. 11. 2002

CHINESE WIJSHEID

Bij uitgeverij Verba verschenen reeds:

Oosterse wijsheden
Chinese wijsheid
Zen wijsheden
Boerenwijsheid
Liefdeswijsheden
Bijbelse wijsheid
Joodse wijsheden
Boeddhistische wijsheden
Nederlandse wijsheden
Brabantse wijsheden
Friese wijsheden
Zeeuwse wijsheden
Russische wijsheden
Wijsheden over het weer

Nieuwe uitgaven in voorbereiding.

CHINESE WIJSHEID

verzameld door:
Ingrid Stork

Uitgeverij Verba

Distributie: RuitenbergBoek, Soest
NUGI 613
ISBN 90 5513 013 3

Wanneer de mond glimlacht,
glimlacht het hart.

Wie naar alle kanten glimlacht,
krijgt alleen maar rimpels in zijn
gezicht.

Het hart van de mens is al te
zelden thuis.

麦舟

十竹齋

De mens verzorgt dagelijks zijn haar, waarom dan ook niet zijn hart?

Binnen de vier zeeën zijn alle mensen broeders.

Is er wel een golf helemaal alleen in de wereldzee?

Sluit alleen vriendschap met de goedheid van de mens, niet met zijn goederen.

Als drie mannen elkaar treffen, dan is er zeker van één van hen iets te leren.

Als één woord niet volstaat, zijn duizend woorden een verspilling.

虞庭卿雲
十竹亝臨

Wie alles luchtig opneemt, kan geen succes hebben; maar wie geen succes heeft, moet dat luchtig opnemen.
Tang Sien-tzoe

De omstandigheden zijn voortdurend aan verandering onderhevig, en als wij onze gedachten steeds bij de nieuwe toestand willen laten aansluiten, moeten wij deze bestuderen.
Mao Zedong

De wijze heeft geen onwrikbare beginselen; hij past zich aan bij anderen.

Lao-tse

Wie de hemel beledigt, heeft niemand tot wie hij zijn gebeden kan richten.

Confucius

Wij kennen het leven niet; hoe kunnen wij de dood dan kennen?

Confucius

Er zijn dingen die men méér bemint dan het leven, en dingen die men méér verafschuwt dan de dood.

Mencius

十竹齋臨

Als hij gelijk heeft, mag zelfs een zoon zijn vader corrigeren.

Jaag niet naar hoge ambten, maar naar de kennis die nodig is om ze te bekleden.

Wie oude kennis koestert en voortdurend nieuwe vergaart, mag een leraar van anderen zijn.

Confucius

題壁
周鼎寫似
十竹主人

Slechts wat zuiver en stil is kan richtsnoer voor de wereld zijn.

Lao-tse

Wanneer u een ding kent, en kunt doen als een die het kent, en wanneer u een ding niet kent, en kunt erkennen dat u het niet kent, dat is Kennis.

Confucius

Zij die weten, spreken niet; zij die spreken, weten niet.

Lao-tse

Hij die de macht van het woord niet kent, kan de mensen niet kennen.

Confucius

貯雲
十竹齋寫

Wie veel van zichzelf en weinig van anderen eist, is veilig voor wrok.

Mencius

Wie geen vertrouwen stelt in anderen, zal ook nimmer het vertrouwen van anderen winnen.

Lao-tse

Hulp zoeken bij anderen is lang niet zo goed als bij zichzelf te rade gaan.

Het kwaad woont niet in de wereld van de dingen; het woont alleen in de mens.

Een mens die onheil aanricht, zal zijn eigen onheil moeilijk kunnen ontlopen.
Lü Poe Wei

Wanneer duizend aanklagende vingers naar u wijzen, dan sterft u, al verheugt u zich in de allerbeste gezondheid.

Hoe meer mensen, des te meer achterklap.

帶雨
十竹齋寫

Een mens doden om de wereld te redden, redt de wereld niet.

Hoe waardeloos een man ook is, dood hem en u zult merken hoeveel hij u kost.

Dat wat mijn leven goed maakt, maakt ook mijn dood goed.

Tsjwang-tse

黃石公

千載傳黃石嘉名
意隱藏　十竹齋

Waag je nooit aan voorspellingen, zeker niet wat de toekomst betreft.

Het is noodzakelijk dat de mens droomt, maar even noodzakelijk is het dat hij om zijn dromen kan lachen.
Lin Yoetang

Ieder kan slechts met zijn eigen ogen zien.

Hoe goden en geesten er uitzien weet men niet; niemand heeft hen gezien. Daarom zijn ze gemakkelijk te schilderen.

Han Fei-tzoe

乙酉春日十竹並臨
周公謹先生笔意

De mens is hemel en aarde in miniatuur.

Mensen struikelen niet over bergen, alleen over molshopen.
Confucius

Wie veel van zichzelf verlangt en weinig van anderen, houdt de zorgen op veilige afstand.

Wees niet bang voor langzame vooruitgang; wees alleen bang voor stilstand.

Een resultaat is altijd afhankelijk van de mate van voorbereiding.

Zonder zelf kleiner te worden, kan men anderen groter doen worden.
uit: I Tjing

山水開精舍琴書
列几筵　十竹齋寫

De wijsheid bevindt zich vlak naast u.

Eén dag verdriet duurt langer dan een maand vreugde.

De tong die toegeeft, verslijt niet; de tanden die koppig zijn, vallen uit.

De stilte is een vriend die je nooit verraadt.

Confucius

Het koren wordt niet verstikt door het onkruid, maar door de nalatigheid van de boer.

Een wijze vergeet beledigingen even snel als de ondankbare weldaden.

Bij een goed einde hoort een goed begin.

Confucius

Het is een zegen om te kunnen vergeten.

Loe Hsün

De waarlijk wijze man maakt geen plannen, en heeft daarom geen wijsheid nodig.

Tsjwang-tse

話舊

十竹齋寫

De wijze houdt zichzelf op de achtergrond, maar in werkelijkheid staat hij vooraan.

Lao-tse

Als men wederkerig gebruik maakt van de voordelen van de ander, brengt men het ver.

十竹齋臨

Herleid grote twisten tot kleine
en kleine twisten tot niets.

Wie bij zijn spreken geen
bescheidenheid betracht, zal moeite
hebben zijn woorden goed te
maken.
Confucius

柳下
十竹齋

Het goede mag dan nog zo ver van mij verwijderd zijn, als ik er serieus naar streef, kan ik het wel bereiken.

Confucius

Zich strikt aan het goede houden is een heerlijke bezigheid. Zouden we daarom iemand die een keus heeft en niet voor het goede kiest, wijs kunnen noemen?

Confucius

不遠重々樹雲軒
處々山　十竹齋寫

Zonder een klein beetje vijandschap bestaat er geen goed huwelijk.

De mens is van nature slecht; goedheid is het resultaat van bewuste activiteit.

Hsün Tzoe

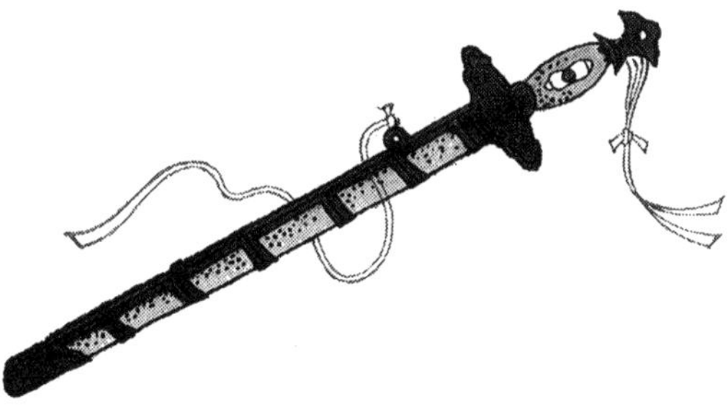

解劍

十竹齋

Er is geen grotere ramp dan het onderschatten van een vijand.

Lao-tse

Wie zijn eigen leven vrijwillig op het spel zet, is ook in staat om iemand anders te vermoorden.

Soe Toeng-po

Niet eeuwig kan men genieten
van rust en vrede, en toch
betekenen ongeluk en verstoring
niet het einde. Als het gras door
vuur verwoest is, komt het
's zomers toch weer op.

Liefde kan niet strijden zonder te
overwinnen, en kan niet verdedigen
zonder te beschermen. Wie de
hemel wil helpen, doet dat door
middel van liefde.

Lao-tse

塔影掛青溪鐘聲

Wie weet wat een overwinning slechts betekent, begint geen oorlog.

Wie de vrede liefheeft, bemoeit zich met zijn eigen zaken.

Rechters vergissen zich, geleerden vergissen zich, beulen vergissen zich nooit.

Woe Tsjeng-en

Een leger zonder cultuur is een stompzinnig leger, en een stompzinnig leger kan nooit de overwinning op de vijand behalen.
Mao Zedong

Alleen door oorlog kan oorlog worden afgeschaft; wie het geweer niet wil, moet het geweer opnemen.
Mao Zedong

Slechts de geweldloze is zonder gebrek.
Lao-tse

Ook als een grote haat verzacht wordt, blijft er een rest van achter. Is dat dan goed?
Lao-tse

披裘公

肯為負薪老寧是

取金人　十竹齋

De wijze vergoedt kwaad met goed.

Lao-tse

Niet doen, wat ons gevoel van rechtschapenheid ons verbiedt; niet begeren, wat ons gevoel van rechtschapenheid ons ontraadt: méér is niet nodig.

Mencius

雛菊
十竹齋

Kennis van de strekking en de kracht van de woorden is de eerste voorwaarde voor de kennis van mensen.

Confucius

Water en vuur hebben adem, maar geen leven; kruiden en bomen hebben leven, maar geen kennis; vogels en viervoeters hebben kennis, maar niet het gevoel van rechten en plichten.

Het ontbreken van wensen leidt tot innerlijke rust.

Bij het maken van wetten kan men niet streng genoeg, bij het toepassen ervan niet mild genoeg zijn.

Men kan de generaal van drie legers gevangen nemen, een oprecht mens kan men niet beroven van zijn wil.

田荊
十竹齋

De edele mens verlangt dat de mensen goed zijn, maar hij dwingt hen niet daartoe.

Li Chi

Niets is er, al was het maar de punt van één haartje, dat niet het werk is van de Hemel.

Mo Tzoe

謝屐

十竹齋

Hoe meer wetten er zijn, des te meer dieven.

Lao-tse

Als de mens verzadigd is en warm gekleed, denkt hij aan plezierige dingen; als de honger hem plaagt en hij het koud heeft, begint de dief in hem te ontwaken.

De waarheid klinkt als haar tegendeel.
Lao-tse

Een superieur mens handelt alvorens te spreken, en spreekt daarna in overeenstemming met zijn daden.
Confucius

安期生

學衜河湄上仙遊

蓬島中　十竹齋

Het is niet moeilijk het goede te herkennen, maar wel het in daden om te zetten.
Confucius

Weten wat juist is en het niet in praktijk brengen, is gelijk aan gebrek aan moed.
Confucius

爻畫

十竹坐

De wijze mens denkt nooit aan eigen grootheid; daarom wordt hij groot.
Lao-tse

Hoe groter het aantal standbeelden, des te groter het aantal dieven en struikrovers.
Lao-tse

Een verstandig idee op het juiste ogenblik is beter dan een harde les.

Han Ying

Een hond wordt niet als een goede hond beschouwd omdat hij goed kan blaffen. Een mens wordt niet als een goed mens beschouwd omdat hij goed kan praten.

Tsjwang-tse

入門穿竹徑留客听
山泉　十竹齋寫

Standvastigheid, volharding,
eenvoud en bescheidenheid zijn niet
ver van de deugd.

Confucius

Een paard moet men voor de
wagen spannen, zodat hij het
voertuig leert kennen. Met een
mens moet men samenleven om
aan de weet te komen wie hij is.

周禹寫似
十竹主人

Als de rijken vermageren, zijn het de armen die van honger omkomen.

Confucius

Ben je al tien jaar arm, dan kent niemand je. Word je in één klap rijk, dan kent iedereen je.

Wanneer een arm man bevriend raakt met een rijke, zal hij spoedig niet eens een broek meer bezitten om te dragen.

Het geschenk kan licht zijn en de bedoeling zwaar.

Met inkt geschreven leugens kunnen nooit feiten verdoezelen die geschreven werden met bloed.

Loe Hsün

韓康

羽蓋徒相顧雲山
暢獨行

十竹齋

De man met de rode neus wordt
verdacht, al drinkt hij niet.

Er zijn zelfs dichters die niet
kunnen drinken.
Tsjang Tsjau

Leegte is het vasten van de geest.
Tsjwang-tse

De grote volheid schijnt leeg te zijn, en toch kan men haar niet uitputten.

Lao-tse

Weinig geloof hebben, is geen geloof hebben.

Lao-tse

De wortel der dingen te zien: dàt is intelligentie.

Onveranderlijk is slechts de edelste der wijzen en de laagste der dommen.

Confucius

Helaas! Ik zag hem gestaag vooruit gaan, maar ik zag hem nooit zijn vooruitgang remmen.

Confucius

Als een mens partijdig is, ziet hij de dag aan voor de nacht, en wit voor zwart.

Lü Poe Wei

Elke familie heeft een boek dat met schaamte wordt gelezen.

Beter zonder boeken, dan alles geloven wat er in staat.

鳳池
十竹亝臨

Echte literatuur houdt duizend
generaties lang stand.
Toe Foe

Een dichter die geen genie is, is
een idioot.
Mao Toen

Veel woorden putten zich snel uit.
Beter is het maat te houden.
Lao-tse

Slechts weinig spreken, dat is de wil van de natuur.

Lao-tse

Als de horizon niet dezelfde is, zijn de gedachten het ook niet.

Tsjwang-tse

De boer bidt om regen, de reiziger
om mooi weer – en de goden
aarzelen.

Een goede reiziger is iemand die
niet weet waar hij heen gaat, en een
volmaakte reiziger weet niet waar
hij vandaan komt.
Lin Yoetang

Ook al begeleid je een vriend duizend mijl, eens moet je toch afscheid nemen.

In den vreemde ziet men naar de kleren, thuis naar wat daar onder steekt.

Wij voelen het gescheiden zijn van iets of iemand des te heviger naarmate we er dichter bij zijn.
Han Suyin

凌烟閣
十竹齋臨

De altaren roken slechts door de wierook van ongelukkigen.

Het fronsen van het voorhoofd siert alleen dàn een gezicht als het ook werkelijk mooi is.

Tsjwang-tse

Berouw is de mei onder de deugden.

Ware deugd doet zich nooit als deugd voor.

Lao-tse

Deugd blijft niet lang eenzaam, zij krijgt spoedig buren.

Confucius

Niets vermag men tegen de nacht
waarin men de slaap niet kan
vatten.
Li Yü

Het is verbazingwekkend hoe
weinig mensen het belang beseffen
van de kunst van het in bed liggen.
Lin Yoetang

蘭臺
十竹齋臨

Luister met één oor; en wantrouw
met het andere.

Er zijn woorden die onjuist lijken
en toch juist zijn, en er zijn
woorden die juist lijken en toch
onjuist zijn.
Lü Poe Wei

De edele mens houdt ervan
langzaam te zijn in het praten en
snel in het handelen.
Mencius

Wie het niet-doen beoefent, voor
hem is er niets dat hij niet kan
beheersen.
Lao-tse

De geest die alle dingen laat leven,
is de liefde.
Tsoe Li

De aarde is overal hetzelfde, en
eeuwig, eeuwig zijn de witte
wolken.
Wang Wei

Hoe krachtiger de donder, des te
zwakker de regen.

Een vierspan haalt de tong niet in.
Confucius

Hoe groot het net ook is, iedere vogel laat zich toch slechts in één enkele maas vangen.

Schoonheid op vier poten, dat kan een hinde zijn; schoonheid op twee poten, een ooievaar; schoonheid hangt niet af van het aantal poten.

子陵
星輝猶燦爛山色
自崔嵬　十竹齋

Met geld is de mens een draak,
zonder geld een worm.

Als er vlieg op het voorhoofd van
uw vriend zit, verwijder die dan
niet met een bijl.

Regeer een grote natie zoals u een
klein visje zou bakken.
Lao-tse

Niets ontbreekt er aan de begrafenisplechtigheden van de rijke – behalve mensen die om hem treuren.

Als de doden niet begraven zijn in de harten van de levenden, zijn zij waarlijk dood.
Loe Hsün

Ernst betekent alleen dat de geest
meester blijft van zichzelf.
Choe Hsi

Indien het geneesmiddel geen
onrust en wanorde in het lichaam
van de zieke teweegbrengt, dan zal
het niet genezen.
Mencius

Slechts wie vergeet wat ernst is,
kan altijd ernstig zijn.
Ch'eng Yi

Wilt u weten of een land goed geregeerd wordt en goed van zeden is? Luister naar zijn muziek.
Confucius

標梅

十竹亝

Een goede handelaar verstopt zijn waren en doet alsof hij niets heeft aan te bieden.

Lao-tse

Met verdraaide woorden kun je van alles bereiken, maar slechts door juist te handelen kun je de anderen overvleugelen.

Lao-tse

Grote boten drijven vaak op grote schulden.

Zelfs de hoogste torens beginnen op de grond.

Vallen is niet pijnlijk – voor wie laag vliegt.

Doe nooit iets waarvan je wenst dat het onbekend blijft.

Zwijgen leren wij pas in de loop van ons leven; spreken leren wij al eerder.

Lao-tse

Onrecht verdragen is gemakkelijk, behalve dan dat je er steeds aan moet denken.

Confucius

潮平兩厈闊風正

De wijze wordt gedreven door plichtsgevoel; de dwaze door winstbejag.

Je kunt geen probleem plukken als een bloem, die je dan beschouwt los van haar omgeving, van haar historische bron, van haar diepe wortels.

Han Suyin

Waarlijk, niemand kan slagen als hij de haast liefheeft.

Choe Hsi

Haast u te doen wat niet dringend is, opdat u rustig kunt doen wat spoedeisend is.

Het is gemakkelijk een gast vriendelijk te bejegenen, maar als hij te lang blijft, wordt dat moeilijk.

Een gast maakt vriendschap overspannen: hoe langer hij toeft, des te magerder wordt de gastvrijheid.

Toe Foe

De zekerste manier om bedrogen te worden, is zich voor slimmer te houden dan anderen.

Confucius

Van nature zijn we broeders, door de opvoeding worden we vreemden.

Confucius

Terugkeer tot de wortels, dat is stilte. Men noemt dat: terug naar het wezenlijke.

Lao-tse

Om de wereld te kennen, behoeft men zijn huis niet te verlaten; men behoeft niet uit het raam te kijken om de wegen van de hemel te zien. Hoe verder u zich verwijdert, des te minder kennis u opdoet.

Lao-tse

Het is niet de waarheid die de mens groot maakt, maar de mens die de waarheid groot maakt.

Confucius

Wie de mensen kent, heeft verstand; wie zichzelf kent, is verlicht.

Lao-tse

Een wijze vergeet beledigingen even snel als de ondankbare weldaden.

Men kan een zeer geleerd en wijs man zijn en ellende toch hard om te dragen vinden.

Men is nooit gelukkig ten koste van het geluk van anderen.

In goede tijden zijn de mensen over het algemeen goed; in kwade tijden zijn ze veelal slecht.
Mencius

Wie zijn gedachten niet in de verte stuurt, zal zorgen vinden in zijn nabijheid.
Confucius

鳴琴
十竹齋寫

Het vuur brandt hoog als iedereen wat brandstof aandraagt.

Wie zichzelf laat wegschenken, is het niet meer waard aanvaard te worden.

Een groot man is hij die zijn kinderlijk hart niet verloren heeft.
Mencius

Overwin een probleem en houd
er daarmee honderd op een afstand.
Confucius

Wees toegevend en zwak; zo
bedwing je ontoegevendheid en
kracht.
Lao-tse

Wie op zijn tenen staat, zal niet
lang overeind blijven.
Lao-tse

Alleen de waarlijk deugdzame kan anderen liefhebben of haten.

Confucius

In hun natuur zijn alle mensen gelijk; het zijn hun woorden die de verschillen maken.

Confucius

山色四峕碧湖光
一望青 十竹齋寫

Wie vol deugden is, is als een kind... zijn beenderen zijn zacht, zijn pezen week, maar zijn greep is vast.

Lao-tse

Slechts mensen die niet bekwaam zijn om bepaalde daden te stellen, zijn bekwaam om de dingen te doen die belangrijk zijn.

Mencius

Op een dag komt ook het ondergesneeuwde lijk te voorschijn.

Men wordt niet gestraft wanneer men iemand deed sterven van het lachen.

Eén beet in de perzik van onsterfelijkheid is méér waard dan een volle korf abrikozen.

Wie anderen overwint, is sterk;
wie zichzelf overwint, is machtig.
Lao-tse

Het hart van de wijze behoort, als een spiegel, alle voorwerpen te weerkaatsen zonder door een enkele ervan besmeurd te worden.
Confucius

嘉禾

十竹齋

Rust is de meester van het menselijk handelen.

Lao-tse

Te bereiken het uiterste van de leegte; te bereiken de allergrootste stilte – dan zullen allen er wel bij varen.

Lao-tse

Wie een draak wil worden, moet veel kleine slangen eten.

Liefde is niet echt liefde zonder
een zekere vorm van
krankzinnigheid.
Tsjang Tsjau

Gelijk hebben hangt niet af van
een luide stem.

De waarheid komt steeds tot stand
en tot groei in de strijd met de
leugen.
Mao Zedong

陸羽

味水情何淡居塵

意不同　十竹齋

Wie deugd heeft, geeft; wie geen deugd heeft, eist.

Lao-tse

Het goede ligt in de natuur van de mens, net als de eigenschap om de weg naar beneden te volgen in die van het water.

Mencius

面拂垂楊嫂階後
瀑水寒 十竹無鳥

Uw doen zij niet-doen; uw bezig
zijn zij niet-bezig zijn.
Lao-tse

Het is niet mogelijk een grote
naam af te dwingen; beroemdheid
moet op eigen wijze worden
nagestreefd.
Lü Poe Wei

Een gezonde, arme man is een
halve rijke.

De rijke denkt aan de toekomst;
de arme aan het heden.

Wie bevrediging vindt in zichzelf,
is rijk.
Lao-tse

De mond is wind, het penseel een mijlpaal.

Een vrouw prijst nooit zonder kwaad te spreken.

Nooit liegt een vrouw op een meer geslepen wijze dan wanneer zij de waarheid zegt aan iemand die haar niet gelooft.

典謨

十竹齋

Een mens zonder lievelingsauteur
is verloren. Hij blijft in alle
eeuwigheid een onbevrucht ei.

Ieder letterteken moet gekauwd
worden voordat men zich met het
sap ervan kan laven.

Echte literatuur is eigenlijk slechts
een zich verbazen over het heelal en
over het menselijk leven.

Lin Yoetang

Een smalle weg komt
onveranderlijk uit op een bredere.
Confucius

Pas als je naar de overkant van de
zee roeit, zul je ondervinden wie je
werkelijk bent.
Confucius

Echte waardering bestaat er evenzeer in de tekorten op te sporen als de verdiensten te ontdekken.
Yüan Mei

Als men het oude niet afbreekt, kan men niets nieuws opbouwen. Als men de tradities de weg niet verspert, kan men voor het nieuwe geen weg banen.
Mao Zedong

思鱸

十竹齋

Alleen lammeren zijn beleefd genoeg om geknield te zuigen.

Zelfs een vis die zo groot is dat hij een heel schip zou kunnen verslinden, is, eenmaal op het droge, niet opgewassen tegen mieren.

Van de staatskoets is de koning de koetsier, de ambtenaren de paarden en het volk de wielen.

Tang Hsien-tzoe

De burgerij houdt ervan schandaaltjes te horen en dan vooral schandaaltjes waarbij personen zijn betrokken die bekend zijn.

Loe Hsün

閔轡

十竹齋

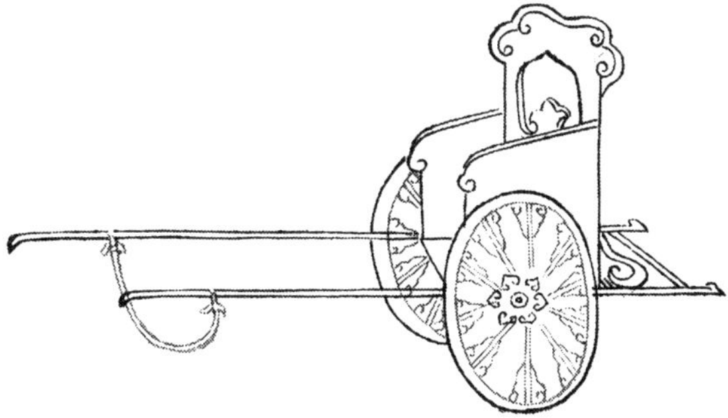

Zoek de kleine dingen die aan het leven vreugde en voldoening geven.
Confucius

Het volmaakte schijnt rijkelijk onvolmaakt; toch is het door allen te gebruiken.
Lao-tse

杏燕
十竹齋

Wie niet in de voetstappen van een ander treedt, vindt de weg naar de wijsheid niet.

Wij hebben vele vaders van kinderen, maar in de toekomst hebben wij alleen nog vaders van mannen nodig.

Loe Hsün

訪菊
十竹齋寫

Als het leven voltooid is, gaan wij heen, met lege handen.

Vaak verliest men veel tijd omdat men een windstoot wil nalopen of een schaduw grijpen.

Men moet iets waarin iets steekt, niet tot iets maken waarin niets steekt. Zeer vaak echter komt iets uit iets waarin niets stak.

Yüan Woe

Fouten ontstaan door haast – doe daarom nooit iets als u onrustig bent.

Degene die mij overlaadt met complimenten, is mijn vijand; degene die mij op mijn fouten wijst, mijn vriend.

Medelijden en medeleven zouden natuurlijke gevoelens moeten zijn van het menselijk hart.

Toe Foe

Beminnen en de gebreken inzien van hen die men bemint, haten en de deugden erkennen van hen die men haat, dat is zeldzaam in de wereld.

Confucius

瘠馬

十竹齋

Wie zijn wil op de deugd zet, zal nooit verkeerd handelen.
Confucius

Wie ééns zonder noodzaak opgeeft waar volhouden geboden is, zal nooit iets tot een goed einde brengen.
Mencius

Partijdigheid zou de plaats moeten ruimen voor een liefde die alles omvat.

Mo Tzoe

Onze voornaamste plicht is niet nog meer bloemen te naaien op zijde, maar kolen te bezorgen aan hen die bevriezen.

Mao Zedong

Een vogel zingt niet omdat hij ergens antwoord op heeft; hij zingt omdat hij een lied heeft.

Wijze mensen zeggen de domste dingen; domme mensen echter doen ze.

青鳥
十竹齋

Sommige mensen willen voor het simpele feit dat ze een dag goed zijn geweest, hun hele leven geprezen worden.